LE DEVOIR DE L'ARGENT

LE DEVOIR
DE L'ARGENT

L'esprit capitaliste d'avant-guerre.
L'effort de guerre des capitalistes français.
Vers les lendemains de la victoire.
Le devoir actuel de l'argent.

PARIS
LIBRAIRIE BERNARD GRASSET
61, Rue des Saints-Pères

1917

LE DEVOIR DE L'ARGENT

RÉVÉLÉ PAR LA GUERRE

Avant-Propos

L'Argent — nous entendons : le capital — a des droits qu'on ne saurait lui contester. Mais il a des devoirs que les événements ne lui permettent plus d'ignorer.

L'Argent a, par nature, un pouvoir certain qui tient à sa possession et à son utilisation. Il est l'expression agissante de la richesse et sa représentation. C'est comme tel que, par sa propre force, l'argent s'est assuré peu à peu et qu'il défend la somme des droits indispensables au plein exercice de son action sur l'individu et sur la nation.

Mais parce que le statut social lui a accordé et lui garantit ses droits, l'argent, comme tout pouvoir accepté par la Société, a des devoirs qui lui sont communs avec tous les autres pouvoirs, considérés socialement et nationalement.

Dans le cours des âges et jusqu'au début du dernier siècle, l'argent n'avait été en somme qu'une force subordonnée.

En ces cent dernières années, il est devenu une force principale, une force première, une puissance capable de résister aux autres, de traiter avec elles, de les dominer et de les soumettre, renversant les rôles, jusqu'à les faire concourir à ses propres fins. Il s'est peu à peu conçu comme principe, moyen et but à la fois — c'est-à-dire comme se suffisant à lui-même et n'ayant de devoirs qu'envers lui-même pour se maintenir et s'accroître.

Il a fallu que la guerre éclatât pour que, les yeux enfin ouverts par le geste brutal des événements, nous sachions, et de façon inoubliable, que *l'argent est une force à laquelle il n'est pas permis de se tenir à l'écart des luttes de paix ou de guerre que poursuit le pays, et que c'est d'ailleurs son propre intérêt d'être en tous les temps et sur tous les terrains, au service des fins nationales.*

Cette courte étude consacrée au « Devoir de l'Argent » a précisément pour objet, après avoir dégagé les caractéristiques de l'esprit capitaliste d'avant-guerre et les causes particulières ou générales qui ont contribué à sa formation, de montrer dans quelles conditions s'est révélé ce devoir, comment il s'affirme chaque jour plus étroitement lié à l'intérêt, quelles conséquences sociales et nationales peut et doit entraîner cette révélation pour l'après-guerre, et comment les emprunts de défense nationale fournissent actuellement au capitaliste la plus belle occasion de « servir » et de prendre ainsi objectivement conscience de son rôle dans la Société et dans la nation.

I

L'esprit capitaliste d'avant-guerre

Même avant la guerre, on aurait choqué sans doute un capitaliste français si l'on s'était permis d'affirmer crûment en sa présence : « l'argent n'a pas de patrie », car le capitaliste français est chauvin. Pourtant, si l'on affirmait devant lui la liberté absolue, pour celui qui possède, d'employer ses capitaux où il veut et comme il veut, sans que personne ait rien à y voir ; si, sous prétexte de prudence, on lui conseillait de distribuer ses œufs dans tous les paniers du monde, si on lui laissait entendre que son devoir de père de famille était de rechercher, aussi bien au delà qu'en deçà des frontières, le plus gros intérêt et les moindres impôts, il approuvait.

Individualisme presque sans limite, telle était la caractéristique générale de l'esprit capitaliste français.

L'exportation des capitaux.

Cette tendance a singulièrement contribué à développer en France le placement intensif de titres exotiques à revenu élevé, à grosse commission, et de sécurité que l'événement démontra trop souvent insuffisante.

Le même état d'esprit était exploité par des banques « neutres », suisses ou belges, *véritables relais de la finance allemande*, qui attiraient les [capitaux français par l'appât trompeur d'un intérêt plus élevé que celui servi par les banques françaises. Le capitaliste qui recevait un intérêt de 2 à 4 %, ignorait que son argent était prêté à 7 ou 8 % à l'industrie allemande : il supportait ainsi tous les risques d'une commandite indirecte dont les profits allaient à d'autres.

Dans certains cas même, le capital français, exporté directement Outre-Rhin, par la voie du réescompte de papier commercial ou de crédits garantis par un dépôt de valeurs industrielles [1], fournissait à l'industrie allemande un appui qu'il hésitait à accorder à l'industrie nationale. C'était encore la commandite indirecte. Et, un beau matin, des événements imprévus, dont la guerre n'est pas le moins redoutable, viennent *bloquer l'argent qu'on a cru prudent d'exporter* ! Qui pourrait nier que des centaines de millions de capitaux français en font aujourd'hui la triste expérience ? Ceux-là ont manqué à l'appel pour la guerre et manqueront pour la reprise économique [2].

---

1. Garantie illusoire, en cas de guerre, car les titres étaient généralement remis au correspondant local de l'établissement créancier, c'est-à-dire qu'ils demeuraient dans le pays emprunteur.

2. Voici quelques chiffres qui précisent ces affirmations. Pour la décade 1902-1912 le tableau comparatif des émissions *officielles* françaises et étrangères, fait ressortir une proportion de 75 % de ces dernières ; pour la période 1er janvier 1912-30 juin 1914, la proportion de valeurs étrangères est encore de 68 %. A la veille de la guerre, nos 40 à 42 milliards de placements à l'étranger, en y comprenant les opérations à court terme, se décomposaient à peu près ainsi : 52 à 55 % en pays amis, 25 à 28 % en pays *neutres* (on sait ce que signifie trop souvent ce mot), 20 % en pays *ennemis*. (J. Buffet, ancien inspecteur des finances, *Revue hebdomadaire*, juillet 1916).

Notons que ces chiffres ne tiennent pas compte des capitaux exportés directement par les capitalistes français : en avril 1914, le *Daily Telegraph* évaluait à 750 millions le montant des capitaux français que l'évasion fiscale avait amené, en quelques mois, aux banques belges et suisses.

Conséquences au point de vue national.

Cependant l'outillage économique de la France se révélait de jour en jour plus insuffisant ; nos ports étaient trop petits ; notre flotte perdait son rang ; les canaux nécessaires ne se construisaient pas ; nos chutes d'eau développaient une force inutilisée, et la guerre devait nous trouver avec une industrie minière et métallurgique insuffisamment développée, avec une industrie chimique demeurée dans l'enfance, pour ne parler que des industries essentielles à la défense nationale.

En laissant péricliter nombre de ces entreprises par manque des capitaux que nous exportions sans méthode, nous avons même, dans certains cas, laissé prendre chez nous au capital étranger des positions dangereuses dans nos industries et nos commerces qu'il contrôlait à son propre profit et conformément à ses directions nationales.

Trop souvent, les richesses de notre pays ne commençaient à retenir notre attention que du jour où quelque étranger venu on ne sait d'où — ou plus précisément de l'autre côté du Rhin — en avait obtenu la concession. A l'étranger même, les capitaux français exportés ne procuraient à la France que des intérêts plus ou moins régulièrement payés ; ils enrichissaient des industriels étrangers, des armateurs étrangers, des ingénieurs étrangers, des ouvriers étrangers [1].

---

1. On a fait usage pour défendre les placements à l'étranger, d'un argument au moins spécieux. C'est celui qui consiste à mettre en lumière les services rendus à nos finances et à notre change par la réalisation de notre portefeuille de titres étrangers. Le mal étant fait, — le capital exporté — l'Etat a cherché à s'en accommoder, voilà tout. Qui oserait prétendre qu'il n'eût pas été plus avantageux que notre capital, demeuré en France, eût servi à créer des aciéries, des usines de construction mécanique ou de produits chimiques, à mettre en valeur des mines de charbon, ou de fer, etc... ce qui nous eût dispensé de faire,

L'Allemagne grandissante et organisée. Ce qu'on pensait de nous Outre-Rhin.

Or l'Allemagne grandissait, s'enrichissait; ses pompes aspirantes allaient absorber dans les pays neutres l'or que notre système y foulait, quand elles ne venaient pas le chercher chez nous-mêmes; là-bas tout industriel ou négociant sérieux obtenait du *crédit à long terme*; la flotte de l'Allemagne couvrait les mers; ses usines s'accroissaient « colossalement »; ses commis-voyageurs inondaient le monde de ses produits, éliminaient peu à peu les nôtres, même dans les pays où la civilisation française était aimée de longue date, même sur notre territoire... L'agitation ouvrière — l'événement l'a montré — y avait des racines plus nationales qu'en France. Les classes laborieuses ne séparaient point leurs intérêts de ceux des autres classes. Elles voyaient avec satisfaction le capital se réemployer ardemment dans l'industrie, soit à des créations nouvelles, soit à l'extension d'industries existantes. Elles attendaient leur bien-être et leur liberté de la prospérité générale du pays. Ainsi s'explique ce qu'on a appelé *l'impérialisme du socialisme allemand*, beaucoup plus économique que politique.

Hommes d'État, industriels, financiers, chefs d'organisations syndicales ne dissimulaient pas leur mépris du faible parti que nous tirions de notre puissance

---

à l'Étranger, ces achats pour le règlement desquels l'État doit se préoccuper de se créer des crédits ? Il ne s'agit d'ailleurs pas de condamner en bloc les placements à l'extérieur. C'est une question de mesure. Or la mesure n'était plus observée avant la guerre. « Nous nous comportions comme un industriel qui, ayant des capitaux disponibles, les mettrait à la disposition de ses concurrents et laisserait, faute de ressources, végéter sa propre entreprise ». (L. Brocard, professeur à la Faculté de droit de Nancy, 1912).

finâncière. Ils nous considéraient comme inaptes à l'industrie. Ironie, quand le prince de Bülow, au Reichstag, parlait de « la France, banquier du monde » : « *nous n'étions bons qu'à toucher des coupons* », qu'on ne nous payait pas toujours régulièrement.

Voici d'ailleurs avec quelle satisfaction sournoise un économiste allemand jugeait, à cet égard, notre pays : « cet état d'esprit particulier des Français... forme un obstacle puissant au développement plus intense de l'économie nationale. Il ne détermine pas uniquement la façon d'agir toute particulière de l'industriel exportateur, mais exerce également une influence considérable sur tout homme d'affaires. Il règne également dans l'esprit du capitaliste qui cherche à placer des fonds et dans la politique des banques. Il agit d'une façon paralysante sur l'initiative, l'esprit d'entreprise et de décision, nécessaires à tout grand progrès économique. Il en résulte que l'industriel français, au lieu de chercher à conquérir, comme les Allemands, les régions les plus éloignées, reste chez lui et attend que les clients frappent à sa porte... La commission, dans le commerce d'exportation, est déjà, en partie, aux mains des étrangers. Ces derniers (Allemands, Anglais, etc.) envahissent aussi les autres branches et en particulier, le commerce de détail dans les grandes villes. Ainsi l'initiative de l'homme d'affaires étranger trouve en France un champ d'application, tandis qu'une grande partie des capitaux français sont obligés de chercher leur placement à l'étranger. »

Et le même auteur ajoutait cyniquement : « L'exportation des capitaux, dans la limite où les grandes banques françaises lui servent d'intermédiaires, se produit soit sous forme de prêts à court terme, soit sous forme de prêts à long terme. La première opération *est d'une utilité incontestable pour les pays industriels comme l'Allemagne [1]. »*

L'individualisme capitaliste, cause de désaccord social.

L'individualisme capitaliste, à l'intérieur, nous menait à l'aggravation du désaccord social. *Le monde du travail n'avait plus que défiance pour le monde du capital* qui, poursuivant librement ses fins particulières, tendait à se détacher des grands intérêts qui sont le lien commun des diverses classes d'une même nation ; par son abstention en matière de créations industrielles, l'argent mettait les individus non-possédants dans l'impossibilité de se réaliser selon leur forces et, ainsi, s'accentuait, dans tout le corps social français, l'inappétence individuelle et collective pour l'effort, pour le risque, pour l'entreprise avec ses chances diverses. Conscient de ce repliement de l'argent sur lui-même, l'ouvrier à son tour n'avait plus d'yeux que pour ses propres intérêts les plus immédiats, entreprenait une lutte de classes âpre, brutale ; la solidarité nationale se dénouait ; des conflits chroniques éclataient entre employeurs et employés et ne faisaient qu'aggraver le mal en inquiétant le capital de plus en plus porté à s'exiler.

Déboires et scrupules.

Pour pénibles que soient ces constatations, il ne serait ni équitable, ni opportun d'imputer à la masse inorganisée, irresponsable, des capitalistes l'erreur générale de toute une politique économique.

---

1. Dr Eugen Kauffmann : *das französische Bankwerein* (La Banque en France). Trad. A.-S. Sacker, Paris, 1914.

D'abord ces capitalistes, considérés individuellement, sont eux-mêmes des victimes. Déjà échaudé, avant le cataclysme, par cent désastres exotiques, le rentier français a connu depuis 1914 les plus sérieuses déconvenues : il pâtit par les fonds autrichiens, turcs, bulgares, etc., et, tandis que la Russie côtoie l'abîme, tremble par les fonds russes. Il profite insuffisamment de la circulation de richesses que la masse énorme des commandes de guerre aurait bien davantage canalisée à l'intérieur même du pays, si celui-ci avait été mieux préparé, industriellement, à y faire face. En outre, ce scrupule qu'il ne connaissait pas en temps de paix, il est amené maintenant, par la force tragique des choses, à l'éprouver durement : ces immenses usines allemandes, dont l'activité permet à nos ennemis de tenir, d'où sortent les canons, les munitions, les gaz asphyxiants et tous les engins de mort auxquels sont exposés ses proches les plus chers, n'a-t-il pas contribué pour sa part à leur donner vie et puissance par son insouciance des fins ultimes auxquelles travaillait l'argent confié par lui au plus offrant et au plus discret ?

II

Comment s'est formé l'individualisme capitaliste en France

Loin de récriminer inutilement, il faut chercher à s'expliquer un état d'esprit qui a faussé l'action de l'argent en ne l'associant pas étroitement à l'action nationale.

On n'a pas fait à l'argent sa place dans la nation.

La formation de cet état d'esprit a des raisons de divers ordres. La première est peut-être le mépris dans lequel, trop longtemps, les autres forces ont affecté de tenir l'argent, au lieu de lui demander loyalement sa collaboration, en l'honorant et en provoquant ainsi chez ses possesseurs, publiquement appelés à concourir aux grandes fins nationales, l'établissement d'une conscience capitaliste.

Tenu en suspicion, et en quelque sorte ravalé aux besognes inférieures, l'argent en est ainsi arrivé à n'avoir en vue que lui-même. Il s'est satisfait de la simple possession, avec pour seule joie supérieure, la possibilité de l'accroissement théoriquement illimité.

Économie et thésaurisation : force et faiblesse.

D'autre part, la possession initiale de l'argent, en France, surtout, procède de l'esprit d'épargne, notamment pour ce qui est des milieux où se recrute la classe moyenne, celle où l'argent prend corps en tant que puissance reconnue et trouve un terrain favorable au plus rapide accroissement de son pouvoir, par l'accumulation que déterminent les alliances, l'héritage et la thésaurisation, passée, en quelque sorte, à l'état de règle de vie.

La possession de l'argent, jadis, procédait pour une large part de l'esprit d'entreprise qui poussait les nôtres à la conquête extérieure des richesses, à la poursuite des butins.

Mais durant tout le XIXᵉ siècle, notamment, c'est l'esprit d'économie, l'esprit de pure accumulation qui a dominé et ordonné le mouvement de l'argent. L' « enrichissez-vous » de Guizot, avec son correctif de style « par le travail », a marqué la date où cette tendance bourgeoise a commencé à se constituer en dogme social et politique.

Si l'*esprit d'économie* est, dans une certaine mesure, *créateur de potentiel-richesse* et préparateur des énergies à utiliser, hors de cette mesure, c'est-à-dire quand il devient de la *thésaurisation*, il ne peut plus être que *générateur d'incapacité*. Il frappe alors le capital constitué et prêt à la lutte d'un esprit de paresse, de moindre effort, de dégoût du risque. L'argent ne joue plus son rôle de moyen, d'agent actif de l'entreprise créatrice de gains pour tous et multiplicatrice de la richesse, particulière et générale : il joue un rôle ramené à la seule conservation de lui-même.

Il y a là *un double danger, personnel et national*. Danger personnel : soit qu'un amour maladif du capital amène son détenteur à vouloir le tenir toujours à sa portée sous sa forme la plus tangible, l'or, et à le rendre ainsi improductif ; soit qu'une excessive cupidité induise tel autre à se laisser tenter par le mirage si décevant des placements exotiques à rendement élevé mais incertain, ou même par la spéculation boursière la plus hasardeuse : une fusion étroite de notre capital avec ce qui porte intérêt par nos mains ou sous nos yeux peut seule nous laisser échapper à ce dilemme. Danger national aussi : un pays qui ne sait plus que thésauriser, témoigne ainsi d'une sorte de sénilité économique, atrophiant ses organes de production, s'immobilisant dans une attitude purement passive.

Une éducation financière insuffisamment nationale.

L'individualisme capitaliste était, d'autre part, encouragé par les doctrines économiques les plus en vogue de l'avant-guerre : *internationalisme nécessaire de la finance, distribution géographique des placements, liberté absolue du capitaliste* à disposer, selon son gré, de son argent. Toutes ces doctrines empreintes d'un vague libéralisme ont un tort des plus graves : elles ne s'adressent nullement au capitaliste français plus qu'à tout autre ; elles sont universelles comme la morale de Kant ; un capitaliste hottentot ou polynésien y prendrait un plaisir extrême.

Influence d'une économie politique purement abstraite.

Un capitaliste *français* n'aurait-il pas besoin d'une directive moins abstraite, d'un point de vue autre que celui de Sirius ? L'homme qu'étudie la science économique de nos doctrinaires n'est pas un être mené par des passions, des sentiments, des croyances, faisant partie d'une certaine race, d'une certaine nation, ce n'est pas une personne vivante, c'est une entité imaginaire, simple facteur de travail ou véhicule de richesse, capable uniquement de fonctions économiques, c'est l'*homo economicus* surgi tout armé de la cervelle de quelques raisonneurs de cabinet.

Sans doute, l'abstraction est une méthode commode, légitime, féconde pour la recherche des vérités scientifiques. Mais pour qui veut prévoir et pourvoir, ce n'est qu'une méthode provisoire. Le médecin peut abstraire pour l'étudier telle. fonction organique particulière ; en pratique, il se souviendra qu'il a affaire à des corps vivants, doués à la fois de plusieurs fonctions organiques dont l'harmonie réalise précisément la vie.

Réaction de l'économique sur le politique et réciproquement.

Les faits humains sont complexes comme l'est la nature humaine. Les hommes n'ont pas entre eux que les rapports dictés par leurs intérêts matériels. Ils ne sont pas seulement commerçants, ouvriers, consommateurs, etc. ; ils ont aussi une famille, une patrie, etc. Tous les organismes sociaux dont ils font partie ne sont pas des organismes économiques. Et même quand ils prennent soin de leurs intérêts matériels, ils n'oublient pas complètement leurs attaches immatérielles. L'esprit de famille, l'esprit de corps, l'esprit religieux ou patriotique apportent constamment des corrections à des lois même aussi générales que celle de l'offre et de la demande. Le non-économique réagit sur l'économique et réciproquement, l'homme mettant tantôt la politique, par exemple, au service de ses intérêts matériels, tantôt au contraire, ses capitaux et ses entreprises au service d'intérêts politiques.

Et cela n'est pas sans quelques conséquences d'ordre pratique sur lesquelles il aurait été bon d'attirer d'avance l'attention du capitaliste français.

Sophisme de la solidarité universelle.

Evidemment les économistes libéraux, qui avaient soigneusement banni de leurs hypothèses le fait politico-national, avaient beau jeu à triompher de ce que ce fait ne se trouve pas dans leurs conclusions. Si l'on admet d'avance qu'aucun lien de plus n'existe entre un capitaliste français et un industriel français qu'entre ce même capitaliste et un industriel allemand, on trouvera injustifié ou indifférent tout acte de solidarité entre le capitaliste et l'industriel français. Oui, mais ce lien, que crée la Patrie, existe ; et la guerre qui éclate se charge de le démontrer.

Au contraire, la solidarité entre les intérêts matériels d'hommes appartenant à des nations différentes est bien plus lâche que ne veut le supposer un libéral comme Normann Angell. A part quelques exceptions, les entreprises même anonymes ne sont pas complètement internationales ; la distribution de leurs actions est telle que la déconfiture de ces entreprises appauvrirait telle nation plus que telle autre. Le fait national préside si bien au groupement des intérêts matériels que, contrairement à la thèse économico-pacifiste de *La Plus Grande Illusion*, une nation peut parfaitement s'enrichir au détriment d'une autre, soit par suite d'une rapine brutale, soit par une sorte de tribut prélevé plus ou moins ouvertement par l'une des nations sur le travail de l'autre. Les intérêts nationaux, qui justifient la conclusion de traités de commerce, justifient tout aussi bien la guerre — du point de vue utilitaire — pourvu que les frais de cette guerre soient couverts par le bénéfice résultant des traités qui la clôtureront. C'est une question d'espèce.

Sans doute il y a *une certaine solidarité matérielle* entre hommes de nations différentes ; et ce qui se passe chez nous a son contrecoup chez les autres. Mais il y a une balance à faire, un solde net à établir. Ou alors on pourrait tout aussi bien démontrer, au nom de la solidarité matérielle qui unit tous les hommes entre eux, que le vol ne peut en rien être avantageux au voleur : Paul est créditeur de cent francs chez le banquier Pierre, et si Pierre saute, Paul perd ses cent francs ; mais la solidarité de Paul avec Pierre est-elle si étroite que Paul n'ait aucun avantage matériel à cambrioler la caisse de ce dernier, laquelle contient plusieurs centaines de mille francs ?

Voilà quelques vérités, évidemment d'un goût moins fade que les mixtures libérales de nos économistes, qu'on aurait dû répandre, bien avant l'agression allemande, parmi nos classes possédantes. Qui, on ? *L'État, la presse, les banques.*

Rôle insuffisant de l'État.

Mais l'État était lui-même tout empêtré de principes libéraux. Incapable de réaliser l'impossible « laissez faire » absolu que le libéralisme intégral exigerait de lui vis-à-vis des intérêts matériels, il n'était pas moins incapable, sous peine de se voir accusé d'un interventionnisme, réactionnaire aux yeux des uns, révolutionnaire aux yeux des autres, de prendre résolument et activement la tête de ces intérêts, de les organiser, de leur frayer une voie déterminée. A la veille de la guerre, le gouvernement avait pourtant, par nécessité, inauguré une sorte de filtrage des emprunts d'Etats étrangers, mais cette sélection opérée sans méthode ni discernement, fut plutôt fâcheuse et souleva de justes critiques : un système mixte entre la liberté anarchique des emprunteurs et le pouvoir discrétionnaire de l'État sur le marché financier ne pouvait être improvisé.

Rôle négatif de la presse.

Dans la presse économique, également, le culte des « principes » régnait en maître. Les plus illustres économistes — dont les écrits sont assez spéciaux pour que peu de gens, en dehors des professionnels, soient tentés d'aller y vérifier le bien-fondé de leurs conclusions — opinaient pour le libéralisme. Nous avons montré que l'écueil de cette doctrine apparaît au moment où l'on quitte l'étude des abstractions pour situer les facteurs économiques dans la mêlée humaine à leur rang et place parmi les autres facteurs sociaux, notamment les facteurs politiques. Or c'était devenu une véritable tradition pour le journalisme économique et financier de ne pas sortir d'une espèce de tour d'ivoire ; il était de bon goût de spéculer sur des chiffres purs. Donner à ces chiffres un sens, une figure, une nationalité, c'était renoncer d'emblée au titre d' « économiste distingué » ; on n'était plus qu'un vulgaire polémiste, détourné de la contemplation des hautes vérités universelles par des questions secondaires de personnes et de patries. Des publications importantes et estimées réalisaient ce tour de force — ou ce contre-sens — d'étudier depuis des années des milliers d'entreprises financières, industrielles ou commerciales, sans avoir jamais nommé un de leurs administrateurs ou de leurs directeurs, comme si une entreprise quelconque existait en dehors de ses dirigeants. S'écarter de cette tradition, c'était s'exposer à passer pour un énergumène ou pour pis que cela. Rien n'a été plus neutre, plus incolore que l'ensemble de la presse financière d'avant-guerre : amie des Français, amie des Allemands, amie de tout le monde.

Les campagnes pour et contre l'impôt sur le revenu.

Les articles « de tête » se rejetaient sur d'inépuisables lieux communs. On se souvient que le plus grand sujet de discussion en France avant la guerre, c'était, depuis un temps indéfini, la question de l'impôt sur le revenu. Et de tous les arguments échangés, en faveur de l'impôt, par ceux qui prétendaient parler au nom de la justice fiscale, et, contre l'impôt, par ceux qui prenaient aigrement la défense des capitalistes, ce qu'il faut retenir, c'est surtout la stérilité de pareils tournois académiques ; tandis que d'interminables campagnes ressassent le pour et le contre, l'argent ne rentre pas davantage dans les caisses du Trésor ; mais il s'effraie de voir discuter si longuement à quelle sauce il sera mangé, il se recroqueville, se dissimule, s'expatrie. Une presse financière animée d'un esprit plus réaliste, plus intimement mêlée à l'activité économique du pays, aurait eu plus d'autorité pour créer une atmosphère d'apaisement, faire comprendre aux contribuables les sacrifices nécessaires à consentir à la justice fiscale, au gouvernement les limites à ne pas dépasser et les devoirs résultant des sacrifices exigés.

Le rôle des grandes banques.

Quant aux grandes sociétés de crédit, vivement sommées par divers écrivains d'avoir à conduire le public vers des voies plus profitables à l'intérêt français, elles déclinaient ce rôle de mentor ; elles « n'étaient pas des sociétés philanthropiques ni des ligues patriotiques » ; telle n'était pas leur affaire : leur affaire était « le commerce de l'argent » — sans plus ; « *elles n'avàient de comptes à rendre qu'à leurs actionnaires* [1]. »

L'individualisme capitaliste et l'individualisme bancaire se rencontraient ainsi sur le même terrain, entretenus et nourris l'un par l'autre, s'excusant l'un par l'autre. Pour se défendre contre les reproches que leur valait leur politique d'exportation des capitaux, les banques répondaient : « Oui, nous plaçons des valeurs étrangères, mais c'est le capitaliste français qui ne veut pas autre chose. » En réalité, le capitaliste français, moutonnier et passif, prenait ce qu'on lui offrait et on lui offrait des valeurs étrangères, parce qu'à « grosse commission ».

L'industrie a-t-elle manqué aux capitaux ?

Pour excuser à la fois l'individualisme capitaliste et l'individualisme bancaire, on a prétendu en France que *l'industrie a manqué aux capitaux*, bien plus que les capitaux à l'industrie.

Évidemment, il faut avouer que le capitaliste français le plus averti et le mieux intentionné, pouvait souvent, avant la guerre, se trouver dans un étrange embarras quant à l'emploi à donner à son argent. La sagesse et le sens patriotique lui conseillaient de faire croître

---

1. Il serait injuste de ne pas signaler les très brillantes exceptions que constituent un certain nombre de banques régionales, de la région du Nord, de la région du Sud-Est et surtout de notre admirable région lorraine. C'est un industriel, M. Cavallier, administrateur de grandes fonderies, qui rendait aux banques lorraines cet hommage mérité : « ... Nos banques régionales ont eu à temps la perception très nette de l'effort financier qu'il fallait faire, du concours qu'elles devaient donner à l'industrie, en y trouvant elles-mêmes un développement parallèle, rapide et fructueux... » Le banquier lorrain « s'est fait le persuasif *éducateur* de son client, au mépris parfois de ses avantages immédiats ».

et multiplier cet argent autant que possible sous ses yeux, c'est-à-dire en France. Mais quelles étaient les vastes entreprises françaises qui auraient pu suffire à absorber la grande masse des capitaux nationaux ? Lassé d'attendre qu'on le conviât à créer en France des ports, des mines, des usines, le capitaliste français se décidait à favoriser la création d'usines, de mines, de ports, dans tous les pays de l'Europe et du monde autres que la France, en participant aux émissions grâce auxquelles les grandes banques aspiraient l'épargne, à mesure qu'elle se formait.

Mais si l'on y réfléchit bien, on verra qu'il y a là un pur sophisme. Oserait-on prétendre que nous avions en France toutes les industries nécessaires à notre consommation, que nous utilisions à leur maximum toutes nos ressources naturelles ? et que nos capitaux exportés n'étaient que le trop plein de notre épargne ? Ce serait une plaisanterie, après la leçon de la guerre.

La vérité, c'est que là encore nous retombons sur la responsabilité de notre organisation bancaire qui, loin de pousser le capital à l'industrie, comme en Allemagne, a trop souvent négligé *d'assister l'industrie en formation, réservant son concours à quelques entreprises « arrivées »* [1]. Il faut d'ailleurs admettre que cette responsabilité est partagée dans une certaine mesure par l'Etat. Il eût évidemment fallu pour favoriser la création d'industries nouvelles ou le développement d'industries en formation, un programme de

---

1. Nous avons montré plus haut comment l'industrie n'a pas « marqué » aux capitalistes de la région lorraine, — on pourrait en dire autant de la région du Nord et de celles du Lyonnais et du Dauphiné, — grâce à l'action intelligente et créatrice de banques régionales entièrement conscientes de leurs devoirs qu'elles ne séparent point de leurs intérêts.

gouvernement à longue échéance, une politique suivie, de l'unité et de la continuité. Au lieu de cela, tout avortait dans la discussion, la temporisation.

Circonstances largement atténuantes.

Quoi qu'il en soit, si l'Etat n'a point su ou pu imposer à l'argent des directives sociales et nationales, si les économistes et la presse se sont égarés dans le brouillard de l'abstraction, si des organismes financiers aussi puissants que les banques qui composent notre oligarchie financière n'ont pas eu conscience de leurs devoirs, ou, en ayant conscience, n'ont presque rien fait pour les remplir, comment ferait-on grief aux capitalistes, considérés individuellement, d'un égoïsme instinctif qui était, pour une large part, la conséquence de leur ignorance des réalités économiques et des rapports fondamentaux qui existent entre l'intérêt particulier et les grands intérêts généraux du pays ?

III

Le devoir de l'argent et la guerre

Sans excès d'optimisme, on peut affirmer que, dans l'esprit des classes possédantes, et même, à un degré moindre, dans celui de la finance, il y a quelque chose de changé depuis la guerre.

De tels cataclysmes déchirent avec brutalité le voile nuageux des doctrines et mettent l'individu et la collectivité en contact immédiat avec les réalités.

La guerre révèle la liaison du devoir et de l'intérêt.

La guerre est à la fois un cas crucial, — qui démontre — et un cas de force majeure — qui oblige. L'Etat, sous la pression de l'ennemi, trouve en partie ce qui lui manquait, en temps de paix, d'autorité, d'unité, de continuité, pour imposer sa norme à la cohue des intérêts *matériels. Le lien national se tend* tandis que tous les autres se détendent. L'individu, répudiant tout contact avec les sujets ennemis, séparé en outre des sujets alliés et neutres par la difficulté des échanges, les prohibitions, etc., se trouve bon gré, mal gré, fortement encastré dans le bloc national. Nul citoyen authentique ne peut faire qu'il ne soit fortement intéressé au bien et au mal qui survient à la cité. Certes, pour l'amener à remplir ses obligations contre ses intérêts personnels, il y a le sentiment impératif du devoir, au besoin la contrainte. Mais il serait aussi faux que possible d'ima-

giner que l'obligation civique et l'intérêt personnel
doivent fatalement se trouver en conflit. Les combattants mêmes, qui de tous les devoirs assument le plus
rude, ne pourraient constituer une armée d'un moral
solide s'ils ne sentaient pas une certaine connexité entre
ce devoir et leur intérêt personnel. A plus forte raison,
cette connexité est-elle normale pour le citoyen qui
ne met pas sa vie en jeu, pour l'ouvrier appelé à fournir son travail ou pour le capitaliste invité à mobiliser
ses capitaux. Loin que cette collaboration à l'œuvre
commune constitue un sacrifice, l'un touche de riches
salaires, l'autre profite de taux d'intérêt particulièrement élevés.

Les emprunts d'Etat, œuvre collective du capital.

Peu de temps avant la guerre, Albert Thomas, étu-
diant la grave question des rapports du capital et de
l'industrie, souhaitait que nous eussions en France « des
pouvoirs moins routiniers et moins timides, osant enfin
imaginer des combinaisons financières qui permet-
traient tout à la fois *de réaliser l'œuvre collective et de
rémunérer l'épargne particulière* ».

Or la guerre est venue précisément offrir au capitaliste français la plus saisissante, la plus convaincante
de ces combinaisons, sous la forme des emprunts d'Etat
appliqués à la Défense Nationale.

Le devoir, ici, *s'est impérieusement imposé comme lié
à l'intérêt* de la façon la plus indissoluble.

Qu'est-ce en effet que souscrire à l'emprunt d'Etat?...

C'est apporter sa contribution, non plus seulement
au maintien de la fortune nationale, mais à l'existence
même de la nation et à son existence nécessairement
conditionnée par une victoire qui lui assurera, pour ses
lendemains, les plus vastes certitudes de libre activité

et les moyens retrouvés d'une prospérité plus certaine.

Assurer l'existence de la nation, c'est donc, pour le capital, garantir l'intégrité du domaine qu'il exploite de la même façon qu'un terrien exploite son bien, et se réserver, en même temps, la possibilité d'y ouvrir de nouveaux champs à son activité, d'y trouver des sources nouvelles de profits.

En dernière analyse, le capital, en accomplissant exactement sa fonction d'arme nationale, n'en fait pas moins une bonne affaire. Et en la faisant, il est amené à reconnaître que son intérêt se confond avec son devoir et que c'est son obéissance stricte aux ordres de celui-ci qui garantit celui-là.

Il est certain que, dans l'esprit des souscripteurs, des titres comme ceux de l'Emprunt de la Victoire sont autre chose que de bons titres à revenu fixe ; à une époque où chaque Français s'est compris plus que jamais indissolublement associé de la société « France », de telles valeurs ont pu apparaître dans un sens comme de véritables titres à revenu illimité.

La défaite, en effet, ce serait la France vidée d'hommes, financièrement épuisée, incapable de reconstituer ses départements envahis, de reprendre son rang dans le monde ; ce serait le marasme et le découragement général. La paix victorieuse, au contraire, c'est le pansement des plaies, les justes indemnités et réparations, un immense sursaut de vigueur morale, des perspectives infiniment plus brillantes que celles qui se sont présentées pendant quarante-trois ans devant la vaincue de 1871. Si l'on met à part quelques Français d'aventure qui, n'ayant en France aucune attache réelle, peuvent s'accommoder d'une alternative aussi bien que de l'autre, on peut dire que *chacun de nous — éventuellement entraîné dans la ruine d'une défaite — est titulaire d'une part bénéficiaire de la victoire,* et que les capitalistes, en y collaborant de leurs espèces, font le geste naturel des associés qui effectuent une nouvelle mise de fonds dans leur affaire en vue de son développement.

IV

L'effort de guerre des capitalistes français

A mesure que le capitaliste français prenait plus exactement conscience de son devoir spécifique, il s'appliquait, dans l'ensemble, — nous verrons qu'il y a des exceptions, — à le remplir avec une ardeur que n'eût pas permis de prévoir son individualisme d'avant-guerre.

Nul hommage n'était plus mérité que celui rendu par M. Ribot, de la tribune de la Chambre, après le second emprunt, à l'admirable pays qui, subissant les horreurs de l'invasion, amputé de ses plus riches provinces, privé d'une partie de ses enfants, répondait cependant à l'appel avec une juste confiance. Veut-on des chiffres ? Ils sont particulièrement édifiants.

Le premier emprunt : plus de 13 milliards.

On se souvient que la souscription au premier emprunt, ouverte le 25 novembre 1915, a été close le 15 décembre suivant. A la veille de l'emprunt, les souscriptions aux Bons et aux Obligations de la Défense Nationale, ainsi que les avances de la Banque de France et de la Banque de l'Algérie, qui devaient alimenter notre budget de guerre, avaient fait entrer dans les caisses du Trésor 20 milliards et demi environ. Mais il importait en même temps d'augmenter les ressources de la trésorerie et de consolider une fraction aussi importante que possible de la dette flottante et de la dette à terme. Or le montant des rentes souscrites qui ont été passées en écritures a été de 760.247.953 francs pour un capital nominal de 15.204.959.053 francs et un capital effectif à 88 °/₀ de 13.380.367.662 francs, soit, déduction faite de la bonification sur rentes libérées (72.556.083 fr.), de 13.307.811.579 francs. Et *le nombre des souscripteurs a dépassé* 3.130.000 !

Rien n'est plus instructif que la décomposition du chiffre de l'emprunt en ses divers éléments. Dans le total de 13.307.811.579 francs, le numéraire entre pour 6.017.095.639 francs ; les retraits aux Caisses d'épargne ordinaires et à la Caisse nationale, pour 267.635.107 francs ; les Bons de la Défense Nationale pour 2.244.384.800 francs ; les obligations de la Défense Nationale pour 3.181.389.167 francs. Enfin tandis que les obligations à court terme ont donné 135.494.411 francs, les rentes 3 °/₀ ont produit 1.439.463.058 francs et les rentes 3 1/2 °/₀ amortissables 22.349.397 francs. Quant aux pays étrangers, leur part contributive a atteint 1 milliard environ, dont plus de 600 millions pour l'Angleterre seule.

Le second emprunt : près de dix milliards. Un rendement effectif supérieur à celui du premier.

Pour le second emprunt qui s'est ouvert, on le sait, le 5 octobre 1916, le total des souscriptions réalisées s'est élevé à 11 milliards 360 millions, correspondant, en tenant compte du prix d'émission, à un produit effectif de plus de 9 milliards 800 millions, dont près de 5 milliards et demi pour le numéraire, 3 milliards 500 millions environ pour les Bons, 950 millions pour les Obligations. Enfin 7.400.000 francs en 3 1/2 °/₀ sont venus s'employer à la souscription. Notons que *le nom-*

bre des souscripteurs a encore une fois dépassé 3 millions et que plus de 500 millions proviennent de souscriptions à l'étranger.

Reprenons tous ces chiffres. Si l'on comparait brutalement le second emprunt au premier, on pourrait être tenté, de prime abord, de croire que celui de 1916 a témoigné d'une certaine lassitude puisqu'il a produit 3.800 millions de moins que le précédent. C'est une fausse apparence et il convient d'y insister. Dans l'Emprunt de 1915, on a fait appel aux porteurs de 3 °/₀ qui voudraient l'échanger contre du 5 °/₀ en payant une soulte. Si on laisse de côté l'attrait qu'a pu exercer cette offre sur les souscripteurs et si l'on se borne à chiffrer les titres qui ont été convertis par d'autres titres, on constate que 1.435 millions de rentes ont, d'un côté, été apportés en échange contre du 5 °/₀ et que, de l'autre, il a été présenté 2.230 millions d'obligations de plus qu'en 1916. Mais qu'est-ce que cela ? Purement et simplement des conversions, c'est-à-dire, comme le disait excellemment M. Ribot, « des dettes de l'Etat qu'on a échangées contre d'autres dettes, qui n'étaient pas des ressources actuelles, disponibles et liquides pour le ministre des Finances ». Si donc, comme on doit le faire, on retranche ces titres et aussi le 3 1/2 °/₀ dont il a été apporté en 1915, 18 millions de plus qu'en 1916, on peut constater, qu'au contraire, *le dernier emprunt a procuré un peu plus de ressources immédiatement disponibles que le premier.*

L'effort total des capitalistes français: 44 milliards 1/2 de francs.

Pour apprécier l'effort total des capitalistes français, il faut ajouter aux 21 milliards 920 millions *versés* pour les emprunts 1915 et 1916, le montant des prêts à court terme, c'est-à-dire sous condition, consentis à l'Etat : soit 21 milliards 700 millions de *Bons du Trésor* et 840 millions d'*Obligations de la Défense Nationale*. En tenant compte des 13 milliards 470 millions d'impôts perçus du 1ᵉʳ août 1914 au 30 septembre 1917, c'est *un montant global de 44 milliards 460 millions que le public a versé, à des titres divers, dans les caisses de l'Etat.*

Il y aurait lieu d'ailleurs d'ajouter à ce chiffre, pour avoir une idée complète du bouleversement apporté par la guerre dans les habitudes de l'argent, les 14 milliards 1/2 dont s'est accrue, pendant la même période, la circulation des billets de la *Banque de France*. On arriverait ainsi à un total de près de 60 milliards de valeurs nouvelles souscrites par le pays pendant les trente-huit premiers mois de guerre ; encore ce chiffre ne tient-il pas compte des émissions diverses qui portent sur près d'un milliard (*Crédit Foncier, Ville de Paris, Sociétés industrielles*).

On reste donc au-dessous de la vérité en évaluant à 18 milliards 1/2 par an le montant des valeurs créées et absorbées : on est loin du chiffre d'avant-guerre, environ 3 milliards par an.

Donnons ces chiffres et l'enseignement qui en découle aux doctrinaires qui, négligeant, dans leurs abstractions, l'élément psychologique national, c'est-à-dire *ce facteur incommensurable de confiance sur lequel repose le crédit de l'Etat*, estimaient qu'on ne pouvait demander à notre pays plus de quelques milliards.

Tout le devoir capitaliste est-il rempli ?

L'effort fourni par les capitalistes, petits et gros, a donc été considérable. Cet effort a-t-il été en rapport, absolument parlant, avec nos ressources, nos possibilités, nos réserves, notre capacité d'épargne ? *Le devoir de guerre*, si clairement révélé, si fermement compris et accepté par le plus grand nombre, *est-il complètement rempli ?* Sans hésiter, au risque d'effrayer les timorés ou de déplaire aux retardataires, nous répondrons : *pas complètement. Dans toute la mesure où le capital n'est pas indispensable au fonds de roulement du pays* — et l'on sait qu'une éducation financière du public plus rationnelle, plus scientifique, pourrait, dans les circonstances actuelles, ramener ce fonds général de roulement à d'étroites limites — *il doit aller à l'Etat.* C'est l'évidence même : *la victoire avant tout, à tout prix, ou le capital se trouverait dans une situation dont il ne peut même pas soupçonner la gravité.* N'y a-t-il pas des hésitants qui n'ont point encore pris pleine conscience de leur devoir et qui n'ont point saisi à quel point leur intérêt le plus terre à terre est en l'espèce indissolublement lié à l'intérêt du pays ? Ces hésitants sont, à n'en pas douter, un nombre assez important. Quelques chiffres le démontrent.

Il y a encore des hésitations.

Lorsque fut ouverte la souscription au premier emprunt, nous avions, déduction faite des remboursements et des renouvellements, pour une somme nette de 8.800 millions en bons du Trésor : 2.245 millions environ ont été convertis. En 1916, nous avions une somme nette de 15 milliards de bons émis : 3.500 millions sont venus se faire convertir en rente perpétuelle. La proportion est à peu près la même d'une année à l'autre, avec un léger fléchissement cependant : 25 °/₀ en 1915, 23 °/₀ en 1916. Mais que prouve-t-elle ? Indéniablement, les Bons de la Défense Nationale ont obtenu dans le pays tout entier un succès qui dépasse, a-t-on pu dire, les espérances mêmes que l'on avait conçues. Cependant, la proportion relativement faible des Bons présentés aux deux emprunts indique assez clairement qu'il y a eu des hésitations et que *nombre de capitalistes n'ont pas osé employer résolument leurs disponibilités.* Sans doute, une grande partie des Bons du Trésor en circulation représente, sinon le fonds actuel de roulement du commerce et de l'industrie, du moins l'utilisation de fonds à emploi prochain. Mais on ne fera croire à personne que pour ces besoins quasi-immédiats, il faille un nombre aussi respectable de milliards. La plupart des porteurs de Bons du Trésor ont bien prêté leur argent à l'Etat, mais temporairement, en se réservant la faculté de se retirer s'ils jugeaient que les circonstances devenaient défavorables. Ces placements, sans doute les continuera-t-on par des renouvellements jusqu'à la fin de la guerre. Mais par la réserve même qu'ils impliquent, ils ne constituent pas *l'acte de foi nécessaire*; on dirait plutôt qu'ils s'appuient sur la doctrine de la restriction mentale. M. Ribot disait qu'il ne fallait pas s'inquiéter outre mesure de cette préférence que le public — qui a ainsi la disponibilité presque complète de son avoir — donné aux Bons. Nous aurions mauvaise grâce, de notre côté, à insister, mais nous exprimerons malgré tout l'espoir que, pour le prochain emprunt, les Bons du Trésor en circulation, à cause même de leur exigibilité à très court terme et en raison de leur chiffre énorme (plus de 21 milliards au 30 septembre) viendront assurer complètement, cette fois, un succès qui doit s'affirmer décisif et triomphal.

Il y a même des capitaux rétifs — ce ne sont pas les moins importants.

Il faut d'autant plus le souhaiter qu'une partie appréciable des réserves liquides du pays se tient systématiquement encore à l'écart des emprunts d'Etat. Le fait est évident pour tous ceux qui ont vécu au milieu de la classe paysanne, par exemple. Que n'a-t-on pas dit de la rétivité du paysan, devenu pourtant presque riche aujourd'hui, à apporter son or, de son peu d'empressement à souscrire aux emprunts? C'est surtout dans nos villages qu'on a pu saisir sur le vif les effets de cette propagande impie et absolument insensée, d'après laquelle c'était abréger la guerre que de refuser au gouvernement national les moyens de défendre le sol envahi par l'ennemi. Si ce sont des inepties, comme le disait M. Ribot, il faut reconnaître que ce sont des inepties dangereuses. Un de nos amis ne nous racontait-il pas récemment qu'un riche propriétaire foncier avait réussi à emprunter chez lui à 3 °/₀ diverses sommes dont le total ne laissait pas que d'être important et qu'il les avait immédiatement employées en Bons de la Défense Nationale à 5 °/₀, s'assurant ainsi un revenu de 2 °/₀ sur des capitaux qu'il ne possédait pas et que leurs légitimes propriétaires refusaient de confier à l'Etat ? Et cependant, l'intérêt personnel de ces derniers, à défaut d'autres considérations, n'aurait-il pas dû leur commander d'encaisser eux-mêmes la prime de 2 °/₀ qu'ils faisaient gagner à leur intermédiaire bénévole ?

Dans un autre milieu social, le milieu bourgeois, l'abstention de certains capitalistes est due à un sentiment qu'analysait très justement un de nos confrères, M. Louis Aubert [1]: « Chacun voit autour de lui s'édi-

---

1. Le *Figaro*, 29 septembre 1917.

fier des fortunes dues à la spéculation. Les gros bénéfices ont été réalisés tout d'abord dans la métallurgie
et dans ce qu'on appelait les fournitures de guerre.
Mais on s'est vite aperçu qu'il suffisait d'avoir quelque
chose à vendre : charbon ou camemberts, vin ou
pommes de terre, pour gagner la forte somme. Tout le
monde n'a pas eu l'occasion de profiter de pareille
aubaine, mais on espère toujours qu'elle se présentera.
Pour la saisir, chacun sait qu'il faut pouvoir disposer
rapidement de ses capitaux. C'est une des raisons qui
font qu'on conserve tant de disponibilités liquides. En
fait, le public a, peu à peu, acquis une mentalité de
joueur. Il conserve dans sa poche ou en dépôt chez le
caissier du cercle des sommes hors de proportion avec
sa fortune. »

*L'esprit d'individualisme capitaliste d'avant-guerre
conserve donc de sérieux centres de résistance,* qu'il
importe de réduire. Certains indices permettent de
penser que ce ne sont pas les capitalistes les plus aisés
qui ont fourni le plus complètement leur effort [1].

Nos disponibilités n'ont jamais été aussi importantes.

Le montant des capitaux, qui pourraient être mis
encore à la disposition de l'Etat et qui hésitent à remplir leur devoir, est certainement fort élevé. Quelques
chiffres suffisent à l'établir. Voici en effet comment se

---

1. Un rapprochement de chiffres permet d'affirmer que les petits
épargnants et moyens capitalistes ont rempli largement leur devoir.
En effet, le chiffre total des souscripteurs du deuxième emprunt a
dépassé 3 millions. Or le relevé des contribuables ayant fait leur dé-
claration pour l'impôt sur le revenu, c'est-à-dire un revenu net supérieur à 3.000 francs, accuse 367.554 déclarants. L'énorme majorité des
souscripteurs était donc composée de personnes ayant moins de
3.000 fr. de revenu.

comparent nos disponibilités à fin juin 1914 et au 2 novembre 1917 :

Montant des dépôts à vue dans les 4 grandes banques de dépôts, et circulation fiduciaire de la Banque de France.

Dates	Dépôts à vue	Circulation fiduciaire	Disponibilités visibles
30 juin 1914 . . .	5.455	6.051	11.506
2 novembre 1917. .	5.700	22.018	27.718

Le montant des disponibilités visibles s'est donc accru pendant la guerre de plus de 16 milliards, malgré les 44 milliards et demi versés au Trésor par les capitalistes français.

Cet accroissement des disponibilités est la conséquence d'un phénomène économique généralement constaté : *l'augmentation du revenu national.* M. Ribot, ministre des Finances, disait à la Chambre, le 7 mai 1915 :

« En temps de guerre, les épargnes du pays sont plus considérables qu'en temps de paix, parce que les capitaux énormes dépensés par l'Etat se traduisent en profit pour les particuliers. » En Angleterre, sir George Paish exposait, au début de 1916, devant la *Royal Statistical Society* que « le revenu total des particuliers anglais était passé de 2 milliards 400 millions de livres sterling à 3 milliards de livres. »

Il est donc établi que la masse des capitalistes a les moyens de faire, en faveur de la Défense nationale, un nouvel et très important effort.

Les réfractaires doivent méditer les énergiques et précises paroles que le président de l'*American Bankers Association* prononçait ces jours derniers, devant trois mille banquiers des Etats-Unis réunis à Atlantic-City :

« Il faut qu'on fasse comprendre aux Américains que *la*

guerre est une affaire nationale et doit être l'affaire de tous. »

L'effort financier de nos ennemis.

Si nous jetons un coup d'œil sur ce qui s'est passé chez nos ennemis, nous verrons quelle intensité a atteint leur effort.

L'effort austro-hongrois : 34 milliards pour les six premiers emprunts.

Voici d'abord l'Autriche-Hongrie : nous possédons les résultats détaillés des cinq premiers emprunts de guerre de la double monarchie. Le premier emprunt autrichien fut émis en novembre 1914 à un prix de 97,50 pour une période de cinq ans (remboursable au 1er avril 1920) ; le second en mai 1915 à 95,25 pour une période de dix ans (remboursable le 1er mai 1925) ; le troisième en octobre 1915 à 93,60 pour une période de quinze ans (remboursable le 1er octobre 1930) ; le quatrième en avril 1916 (double type : emprunt d'Etat pour quarante ans à 93 et Bons du Trésor à 95,50 à sept ans) ; le cinquième en janvier 1917 (double type également : emprunt d'Etat pour quarante ans à 92,50 et Bons du Trésor à cinq ans et demi à 96,50). Pour tous ces emprunts le taux de l'intérêt a été uniformément fixé à 5 1/2 %. Il n'a pas été fixé de limites maxima pour leur émission. Les résultats ont été les suivants :

1er emprunt. . . .	2.200 millions de couronnes	
2e —	2.688	—
3e —	4.203	—
4e —	4.520	—
5e —	4.112	—

soit un total de 18.023 millions de couronnes (Couronne, au pair : 1 fr. 05).

Les émissions des emprunts hongrois ont eu lieu aux mêmes époques que les émissions des emprunts autrichiens. Mais, pour des raisons politiques et économiques, les modalités n'ont pas été les mêmes. Le prix d'émission des 5 emprunts de guerre hongrois a été dans l'ordre :

> I. — Rente 6 % à 97,50
> II. — Rente 6 % à 97,50. Rente 5 1/2 % à 90,80
> III. — Rente 6 % à 97,10
> IV. — Rente 6 % à 97,20. Bons du Trésor 5 1/2 % à 92,20
> V. — Rente 6 % à 97,10. Obligations 5 1/2 % à 95.

Le résultat de ces emprunts s'établit comme suit :

1er emprunt. . . .	1.175 millions de couronnes
2° —	1.132 —
3° —	1.080 —
4° —	1.930 —
5° —	2.300 —

soit un total de 8.517 millions de couronnes.

Enfin pour le *sixième emprunt*, qui a eu lieu en juin 1917, le produit global (Autriche et Hongrie) aurait été de 7 milliards 1/2 en chiffres ronds.

Pour les deux parties de la monarchie, *l'ensemble a donc été, pour les six premiers emprunts, de 34 milliards de couronnes.*

Sans doute, ce chiffre est-il sujet à caution et aurait-il besoin d'être revisé. Il y a nombre de doubles emplois. C'est ainsi, pour ne citer qu'un exemple, que les Bons du Trésor des premier et deuxième emprunts de guerre autrichiens ont été échangés contre des titres du cinquième emprunt. Nous n'avons que des indications succinctes sur les diverses combinaisons qui ont été offertes aux souscripteurs dans le but d'obtenir un chiffre qui fît impression. Mais on peut tenir pour assuré que, malgré les soustractions à opérer, l'Autriche-Hongrie a fait un formidable effort financier qui prend toute sa valeur et toute sa signification quand on songe à la pauvreté générale du pays. On s'en rendra compte d'ailleurs par ce fait qu'en dehors des sociétés de crédit, des instituts d'assurances et des Caisses d'épargne, *les souscriptions des particuliers et des entreprises commerciales comptent dans le total pour près de 60 °/₀*, avec un nombre moyen de souscripteurs de plus d'un demi-million [1].

L'effort allemand : plus de 103 milliards de francs pour les sept emprunts.

Avec l'Allemagne, nous tombons, cela va sans dire, dans le *kolossal*. Le septième emprunt de guerre vient d'être clos et on n'en connaît que des résultats approximatifs, que nous ajoutons au tableau reproduisant les résultats définitifs des six premiers.

Ainsi, d'après les statistiques les plus dignes de foi, le total des six premiers emprunts de guerre allemands a atteint le chiffre fantastique de *82.647 millions de marks, soit plus de 103 milliards de francs ! Plus de six millions et demi de souscripteurs* au sixième emprunt ! Même si, de cette somme, on retranche le montant total des bons du trésor souscrits, soit 5.782 millions de marks, il reste encore pour les emprunts 5 °/₀, 76.865 millions de marks, ou *plus de 96 milliards de francs.*

----

1. Un septième emprunt est en cours d'émission : la souscription sera close le 3 décembre.

LES SIX PREMIERS
EMPRUNTS ALLEMANDS

Dates d'émission	Nature des titres	Prix de sous-cription	En millions de marks		Nombre des souscripteurs
Nov. 1914.	Emprunt 5 %............	97 1/2	3.481 }	4.481	1.177.235
	Bons du Trésor 5 %....	97 1/2	1.000 }		
Mars 1915.	Emprunt 5 %............	98 1/2	8.330 }	9.106	2.961.060
	Bons du Trésor 5 "/....	98 1/2	776 }		
Nov. 1915.	Emprunt 5 °/•..........	99	12.163		3.966.418
Mars 1916.	Emprunt 5 %............	98 1/2	9.195 }	10.767	5.279.645
	Bons du Trésor 4 1/2 %.	95	1.572 }		
Déc. 1916.	Emprunt 5 °/...........	98	9.578 }	10.651	8.809.976
	Bons du Trésor 4 1/2 %.	95	1.073 }		
Avril 1917.	Emprunt 5 %............	98	11.618 }	12.979	6.768.082
	Bons du Trésor 4 1/2 %/₀ (amortissables)......	98	1.361 }		
Oct. 1917.	Emprunt 5 %............	98	12.500 (envir.)		

L'effort de nos ennemis ne vaut pas le nôtre en qualité. Il n'en constitue pas moins une leçon éloquente.

Par exemple, ce qu'il faut dire nettement, c'est que *ces emprunts sont loin de valoir les nôtres en « qualité »*. Si les sociétés de crédit, chez nous, ont recueilli des sommes importantes pour les verser aux emprunts, elles n'ont pas obéi à un mot d'ordre impératif. Le Ministre des Finances a même déclaré qu'il n'avait pas insisté auprès d'elles pour qu'elles apportassent leur contribution. Après avoir dirigé l'épargne de la France vers les dangereux placements exotiques, il n'est pas mauvais au surplus qu'elles se soient réservé un autre titre à la reconnaissance du pays [1]. *Le chiffre de nos souscriptions n'a pas été fictivement accru ;* même rien n'a été pris par les banques sur leurs dépôts et cela vaut incontestablement mieux puisque les dépôts doivent toujours être représentés par des valeurs disponibles, ou tout au moins faciles à liquider. Au contraire, qui dira pour quels chiffres les banques et les caisses d'épargne, qui sont en Allemagne de véritables banques de dépôts, figurent aux divers emprunts dont le chiffre, il faut le dire encore, n'est pas sans avoir été artificiellement grossi ? Que le peuple allemand vivant *en vase clos,* la souscription des emprunts soit facilitée par le reflux naturel dans les caisses de l'Etat des sommes dépensées par lui dans le pays, cela est certain ; que des difficultés financières très graves soient à prévoir le jour où le pays, vaincu, voudra mobiliser les énormes capitaux transformés en titres de rente et devra ouvrir son vase clos, cela n'est pas moins certain.

Mais, cela, c'est l'affaire de l'Allemagne. Si après la guerre elle se heurte à la plus effroyable crise de crédit que l'on puisse imaginer, nous ne nous en plain-

---

1. Il n'est que juste de reconnaître le réel et productif effort fourni par les banques, à l'occasion des *emprunts d'Etat.* Voici les chiffres des souscriptions reçues par nos grandes institutions financières, les Sociétés de crédit et la Chambre syndicale des agents de change pour l'emprunt 5 °/₀ 1915 : *Banque de France,* 2.963.570.000 fr. ; *Crédit Lyonnais,* 1.657.526.000 fr. ; *Ch. Syndicale,* 937.706.000 fr. ; *Société Générale,* 879.824.000 fr. ; *Comptoir d'Escompte,* 786.762.000 fr. ; *Crédit Industriel et Commercial,* 343.910.000 fr. ; *Soc. Centrale Bq. de Province,* 281.551.000 fr. ; *Crédit Foncier,* 136.405.000 fr.

drons pas. Retenons seulement pour l'instant le chiffre énorme, malgré tout, atteint par ses emprunts, et nous nous rendrons compte que, *dans la voie de l'appel au crédit* qui nous est tracée et qui résume, à l'heure présente, le devoir capitaliste, *nous pouvons encore faire beaucoup.*

V

Vers les lendemains
de la Victoire

Un programme national

En 1913, un homme politique qui ne prévoyait pas
quel effort de création et d'organisation le pays allait
réclamer de lui, écrivait ces lignes qui constituent,
dans l'ordre économique et financier, le plus ferme,
le plus national et le plus précis des programmes
d'avant-guerre [1].

« Pour nous, nous le répétons, tout le problème est
là. *Former une opinion publique, la passionner pour ces
œuvres collectives, donner un caractère national à telle
ou telle entreprise industrielle*, à tel ou tel commerce,
faire en un mot que la nation tout entière s'intéresse
enfin à sa propre vie économique et s'ingénie à *satis-
faire des besoins sans cesse accrus*, voilà l'effort à
faire...

« *Développer les besoins des collectivités ouvrières et
des masses paysannes, susciter les initiatives de régions
entières pour telle ou telle œuvre où l'intérêt collectif se
mêle étroitement à' l'intérêt particulier*, donner à la
nation un grand programme de renouvellement digne
de la démocratie, telle doit être l'œuvre première.

« Elle n'est pas irréalisable. Il suffit de vouloir. Le
jour où elle sera entreprise, les placements à l'étran-

1. Albert Thomas, *Finance-Univers*, 15 juillet 1913.

ger n'auront plus rien d'intolérable ni même de gênant. Ils mesureront *cette fois* exactement *le surplus des ressources* d'une nation active et vivante, dont toutes les énergies seront utilisées. »

Réalisation facilitée par la guerre.

La guerre nous aura rapprochés des solutions du problème national de la production et de l'emploi des capitaux, tel que le posait Albert Thomas.

Dans le plan économique brusquement élevé au niveau du plan politique et confondu avec ce dernier, elle a réalisé ce phénomène nouveau d'*unir étroitement l'intérêt personnel et l'intérêt national*. Non pas que cette union eût été incompatible avec la nature des choses en temps de paix ; mais elle ne s'imposait pas avec la même évidence. Maintenant, l'union réalisée est-elle durable, ou faut-il prévoir que, sitôt disparue la pression rigoureuse de la guerre, le faisceau des intérêts matériels se dénouera, laissant ses éléments flotter de nouveau à la dérive ?

Des symptômes d'ordres divers, mais concordants, autorisent à penser que, l'ordre ayant une fois pénétré le domaine de l'économie nationale, la considération des bons résultats ainsi obtenus, le désir d'exploiter en commun ces résultats, l'habitude d'une discipline civique, le goût de la coordination, l'exaltation du sentiment français tendront à maintenir, tout au moins dans une certaine mesure, l'état de choses ainsi créé. Des hommes qui durant plus de trois ans, auront combattu pour la France ou secondé anxieusement les efforts des combattants, ne retourneraient pas purement et simplement après la victoire à l'individualisme capitaliste et à l'internationalisme financier d'avant-guerre. *Une sorte de réflexe poussera désormais l'argent vers le service national.* Servir, pour le capital français, ce ne sera plus seulement se donner à l'Etat dans la mesure des nécessités du Trésor, mais ce sera surtout développer intensément les ressources naturelles de la France, créer l'outillage économique nécessaire à ce développement, produire tout ce que nous importons aujourd'hui et qui pourrait être produit par nous ; *non pas s'enfermer dans nos frontières comme derrière une muraille de Chine, mais ne s'expatrier qu'en continuant à porter bien haut le pavillon français.* Il faut que notre argent, au lieu de se dissoudre inefficacement à travers le monde, francise ce qu'il féconde, nous paye non seulement en intérêts, mais aussi en commandes, en fret, en travail, en influence.

Une évolution significative.

Parmi les symptômes qui permettent de croire que l'évolution esquissée dans les tendances des possesseurs de l'argent, peut se poursuivre et s'accentuer, nous en signalerons un qui semble particulièrement significatif. Il faut qu'il y ait, en France, quelque chose de changé pour qu'un libéral, comme M. Alexandre Ribot, ait prononcé à la tribune de la Chambre ces paroles qui sont la condamnation formelle de notre politique capitaliste et bancaire d'avant-guerre :

« Un grand pays ne vit pas de rentes et de placements. Il vit de travail et d'industrie. Il se tromperait singulièrement s'il croyait que l'abondance des capitaux qu'il peut exporter est une mesure de sa richesse. Il s'appauvrit s'il ne développe pas son outillage, son esprit d'entreprise, ses exportations. Et j'espère que ce sera une leçon que nous tirerons de cette guerre, à savoir *qu'il faut apporter dans le développement de nos affaires un esprit autre* que celui qui a présidé jus-

qu'ici à notre commerce. Il faut plus d'initiative et d'énergie... C'est un esprit général qui doit être changé, nous dominer tous et, je dois le dire, nous renouveler dans une certaine mesure » (7 mai 1915).

L'argent sera attiré par l'Industrie, vers laquelle le pousseront le poids des impôts et la vie chère.

Au lendemain de la paix victorieuse, les circonstances seront d'ailleurs particulièrement favorables pour préciser l'évolution de l'esprit capitaliste. L'industrie française sera appelée à fournir un effort sans précédent : ce sera *la France d'hier à restaurer, une France nouvelle à installer* [1] ».

Dix départements en ruines seront à relever ; nos chemins de fer, ayant dû diminuer depuis 1914 leurs dépenses d'entretien, auront à entreprendre une véritable réfection de leur matériel roulant ; notre flotte marchande s'efforcera de regagner le temps qu'elle perd actuellement ; partout la nécessité s'imposera de fabriquer ce que nous achetions aux Allemands avant la guerre ou aux alliés et neutres pendant la guerre : nos industries métallurgique, électrique, chimique, verrière, textile, etc., ont, dans ce sens, une œuvre énorme à accomplir. Pour cela il faut de l'argent : à l'appel qui lui sera fait, l'argent sera d'autant moins sourd que déjà, en pleine guerre, à côté des désastres, l'édification de fortunes nouvelles dans l'ordre industriel et commercial, preuve palpable du succès des initiatives, même dans les circonstances les plus difficiles, n'aura pas été sans émouvoir beaucoup de capitalistes.

L'évolution nettement dessinée et affirmée, de l'esprit industriel, ne pourra qu'accentuer celle de l'esprit capi-

1. Jean Buffet. *Du Régionalisme au Nationalisme financier*, Paris, 1917.

taliste. Cette modification profonde des tendances de l'industrie, un *homme nouveau*, M. Louis Loucheur la signalait en termes vigoureux :

L'industrie française vivait avec la mentalité du vaincu. Elle possède aujourd'hui la mentalité du vainqueur. Elle a passé par la grande épreuve. Elle y a vérifié tout ce qu'elle possédait de puissance inappliquée, de ressources inutilisées, de richesses inexploitées, de forces inemployées... Nos ingénieurs, nos chefs d'entreprises, nos directeurs d'usines, nos grands industriels des forges, des aciéries, mettent aujourd'hui sur pied en un an, en six mois, même, et prête à travailler à plein rendement avec une main-d'œuvre décuple de celle qu'ils eussent à peine osé prévoir il y a deux ans, l'usine qu'ils mettaient dix ans à réaliser parmi les tâtonnements et les parleries inutiles... Où l'on jetait un million, on en jette dix, d'abord... La machine récente, la méthode audacieuse, la formule nouvelle sont adoptées et utilisées d'emblée... L'industrie française, en trois ans, a décuplé ses forces [1].

Tout capitaliste qui tendrait de nouveau à s'isoler, à s'immobiliser dans sa médiocrité serait irrémédiablement atteint. On a pu dire justement que *la hausse des prix*, inséparable du poids des impôts, *rejettera sur les seuls revenus sans travail, dont le taux est immuable, les pertes et les destructions de richesse de la guerre* [2].

L'histoire économique comparée montre que ces facteurs, lourds impôts, prix élevés, ne sont nullement incompatibles, avec un essor de prospérité générale. Mais le capitaliste qui voit diminuer le pouvoir d'achat de son argent, n'a qu'une ressource pour maintenir dans de telles périodes l'équilibre de son budget : *accroître le rapport de cet argent en le mettant au diapason de l'activité ambiante.*

---

1. Interview publiée par *J'ai vu*, avril 1917.
2. A. de Tarde, *L'Europe court-elle à sa ruine?* Paris, 1916.

Le capital-richesse tendra à se transformer en capital-travail, l'argent-jouissance en argent-outil.

Le *capital-richesse*, inerte et passif, se trouvera donc, par son essence même, incapable de réparer les brèches que lui feront la fiscalité et l'élévation concomitante du coût de la vie. Au contraire le *capital-travail*, essentiellement agissant, paraît appeler à profiter largement de l'énorme effort de reconstitution et d'expansion qui suivra la crise. On peut donc penser que le capital-richesse, sinon par vocation, au moins par nécessité, va chercher à se transformer en capital-travail beaucoup plus qu'il ne le faisait.

Toute notre vie économique étant portée à un ton plus élevé, d'anciennes traditions françaises, comme celle qui consiste à se retirer des affaires le plus tôt possible « après fortune faite », pourraient tendre à se raréfier.

A l'implantation des mœurs nouvelles pourrait contribuer aussi le contact pris avec nos alliés, anglais ou américains : chez les uns et les autres, il semble souvent que « le désir d'acquérir l'emporte sur celui de posséder », et que « la production, non la richesse, soit considérée comme une fin ». Brest, Saint-Nazaire, Rouen, Bordeaux, Caen, le Mans, Boulogne, combien d'autres villes de France auront subi, sous l'influence de nos alliés, une sorte de secousse excitatrice dont elles se ressentiront longtemps [1].

---

1. Les hommes d'affaires américains commencent même à jeter un coup d'œil intéressé sur nos ressources inutilisées et sur nos industries, sans attacher au problème financier de l'après-guerre — assurés qu'ils sont d'en résoudre les difficultés par l'intensification de la production — cette attention inquiète que lui accordent nos capitalistes « ancienne manière ». Il y a là l'indication d'une collaboration qui peut être fructueuse, mais dans laquelle nous devrons nous attacher à traiter d'égal à égal.

Conséquences morales et sociales de l'évolution capitaliste. Une morale active de l'argent.

Un point en tout cas est essentiel : pour que l'activité générale porte ses pleins effets, dans l'ordre collectif, et ne dégénère pas en une ruée désordonnée, il est absolument indispensable que les règles de cette activité ne soient ni oubliées ni éludées. C'est la pratique du « fair play » — pour emprunter deux expressions chères aux Anglo-Saxons — qui doit tempérer l'âpreté du « struggle for life ». Que *le capital, enfin à son tour « conscient et organisé »*, — conscient de ses responsabilités et organisé pour les prendre, — *se crée à lui-même une morale active.*

Un patriotisme financier et industriel.

Il manquait à l'argent français *un idéal* : la guerre le lui aura donné. Le capital allemand l'avait avant la guerre, son idéal : c'était *Deutschland über alles* !

Il faut que chez nous — là encore nous avons des indices qu'un tel mouvement se dessine — se développe *un patriotisme financier et industriel*, essentiellement raisonné, agissant et renforçant le patriotisme d'instinct pour lequel nous nous faisons tuer. C'est par la pensée constamment présente de cet idéal patriotique que la finance et l'industrie françaises s'élèveront au-dessus des intérêts particuliers et deviendront des *affaires nationales.*

Rapprochement du capital et du travail.

Si l'on veut esquisser cette morale active de l'argent, qui est une des conditions du relèvement économique, il faut envisager non seulement les rapports de l'argent français avec l'étranger, mais aussi le rôle social du capital à l'intérieur même de nos frontières. Ce rôle tient essentiellement en quatre mots: *se rapprocher du travail*. Entre ces deux grands éléments de la fortune nationale, le capital et le travail, une longue série de malentendus a paru, un temps, créer un abîme : ces malentendus, résultant de torts partagés, ont marqué « l'entre-deux guerres ». Les partis, dont le parasitisme social s'insère dans ces hiatus de l'union nationale, ont aussi contribué, de leurs forces aveugles, à séparer, à opposer ce que tout patriote raisonnable doit s'efforcer d'assembler, de lier. Est-ce que — selon une image expressive de Charles Maurras — il n'existe pas de vastes ronds-points où peuvent converger, se rencontrer les diverses catégories de citoyen français? Est-ce qu'il est impossible de mettre en avant ce qui est commun et qui unit, au second plan ce qui est particulier et tendrait à désunir ?

S'il est vrai que la *fortune anonyme et vagabonde* ignore et piétine les « vulgaires instruments » dont elle paye la tâche, la *richesse enracinée* se penche par d'insensibles gradations vers les plus humbles collaborateurs dont elle sollicite le concours.

Des entreprises attachées au sol et fixant autour d'elles de grands patrons, de moyens et petits patrons, des associés, des actionnaires, des créanciers, des fournisseurs, des contremaîtres, des ouvriers, assurent à la vie économique une atmosphère presque familiale. Aucun groupement social ainsi compris ne saurait revêtir l'aspect d'une caste hostile et fermée : les différentes classes s'y touchent, s'y pénètrent même par suite de dispositions heureuses (comme celle par exemple des actions de travail) ou par suite des mouvements de va-et-vient qui enrichissent ou appauvrissent.

La guerre, facteur de pénétration des classes sociales.

En temps de paix, ces mouvements se font normalement avec une certaine lenteur, mais des événements comme ceux qui se déroulent leur donnent une activité extraordinaire. On peut dire que *la guerre aura brassé les classes plus qu'aucun événement historique survenu sous notre régime actuel.* D'une part, au front, il y a un coudoiement incessant de tous les éléments géographiques, politiques, religieux, économiques dont est formée la France, et chaque soldat, qui pense, constate et contribue à développer, entre ces éléments divers, une admirable syntonie. A l'intérieur, d'autre part, un grand effort d'accord social a été également réalisé ; en outre, tandis que, victimes de la guerre, des commerçants, des patrons périclitaient, ailleurs des ouvriers et des contremaîtres, favorisés par des salaires élevés, constituaient un pécule, se hissaient au rang de petits patrons ; de petits patrons agrandissaient leur affaire dans des proportions jadis inattendues, s'élevaient à la grande industrie ; d'innombrables déclassements d'individus vers l'étage supérieur ou inférieur ont enlevé toute espèce de sens possible à une guerre de classes préméditée et passionnée.

Il semble que nous nous acheminons, dans l'ordre social, vers la constitution d'*une société basée sur le travail*, analogue à celle d'Outre-Atlantique, dans laquelle les conditions, dépendant exclusivement du succès ou de l'insuccès des entreprises, s'entretiennent dans un perpétuel échange. Cela, évidemment, dans la mesure où le permettent l'esprit de tradition et les habitudes d'un vieux et robuste pays centralisé comme le nôtre.

La paix sociale assurée.

Avant la guerre, une propagande inconsciente des réalités avait inoculé à la masse des salariés le rêve maladif d'on ne sait quel « grand soir » où la justice sociale se réaliserait, d'un seul coup, par le partage ; en même temps, la bourgeoisie s'hypnotisait sur le cauchemar de l'émeute et de la révolution. Comme s'il y avait là quelque nécessité historique inéluctable ! Une révolution sociale a pour objet essentiel l'élimination des membres parasitaires de la Société ; bien que, dans les violences qui l'accompagnent, un certain nombre de biens humains se trouvent définitivement anéantis, les révolutions visent moins à cet anéantissement qu'à *des séries précipitées de transferts :* c'est ainsi, que sous la Révolution Française, les immeubles confisqués à la noblesse et au clergé retournaient au Tiers Etat acquéreur de biens nationaux. Le Tiers Etat possédant s'épouvante aujourd'hui à l'idée d'être dépossédé au profit d'un Quatrième. Mais cette dépossession ne s'imposerait que si les possédants actuels s'avéraient définitivement incapables de remplir leur rôle : à eux de se poser *non en exploiteurs mais en collaborateurs du travail.* Un capital faisant fonction de créer, intensifier, diriger, féconder, protéger le travail, ne pourrait en aucun cas être considéré comme parasitaire, surtout s'il consent loyalement au travail, dans l'œuvre commune, non le traitement de parent pauvre que lui proposent, la mort dans l'âme, les économistes de la vieille école, mais la large place qu'il mérite : ce qu'il faut réaliser c'est la *proportionnalité de la rétribution de l'ouvrier et du rentier de l'affaire* [1]*, en réservant*

---

1. **Pierre Hamp,** *L'Humanité,* 12 septembre 1917.

bion entendu *sa part au capital cérébral*, au cerveau technique qui assure le succès de l'entreprise et sans lequel capital-argent et capital-manuel demeureraient improductifs.

La classe ouvrière acquise à l'œuvre de production de demain.

La classe ouvrière commence d'ailleurs à se rendre compte qu'il est de son intérêt le mieux entendu de collaborer, dans un esprit d'union nationale, sans hésitation ni réserve, à *l'œuvre de production de demain.* C'est un socialiste qui prenait, en son nom, ces engagements précis :

« La classe ouvrière sait, en effet, qu'il n'y a pas de réforme sociale possible, qu'il *n'y a pas de progrès social possible, dans un pays vaincu, ni même dans un pays épuisé, fatigué, faible économiquement.* C'est par l'activité économique, c'est par les initiatives audacieuses que cette prospérité peut être assurée.

« Mes camarades du mouvement ouvrier savent et ils l'ont souvent dit, que *c'est par la prospérité économique seule, qu'ils réaliseront leur glorieuse et belle devise: Bien-être et liberté* [1]. »

C'est en effet *en élevant la valeur de notre travail* [2], c'est en substituant résolument à la lutte sourde et âpre des politiques d'échange, qui a empoisonné le XIXe siècle pour aboutir au conflit actuel, une politique basée sur *l'inflation de la production et des consommations* [3], qu'on pourra faire face aux énormes charges résultant de la guerre et compenser l'élévation persistante du

1. Albert Thomas. Discours prononcé à Caen le 19 août 1917.
2. Lysis, *Pour renaître*, Paris, 1917.
3. Et. Antonelli, dans la *Grande Revue*, 1917.

coût de la vie, qui entraîne logiquement et justement celle des salaires.

On a pu dire, avec raison, que la guerre avait révélé *l'esprit de vérité du socialisme*, c'est-à-dire *son esprit économique*, délivré des erreurs de la politique, et *rapproché les intuitions syndicalistes de l'ordre social*[1].

Pénétration nécessaire de la finance et de l'industrie.

Un grand effort de bonne volonté et de méthode incombe donc à ceux qui tiennent le sommet de la hiérarchie sociale actuelle et dont dépend, pour une large part, le succès de ce mouvement : tel est leur devoir et leur intérêt. En s'obstinant aveuglément dans l'enceinte des prétendus droits que leur confèrent les doctrines individualistes, ils s'isoleraient du corps français et lui feraient le tort le plus funeste, en attendant que ce grand corps soit acculé à se débarrasser d'eux d'une secousse qui aurait sa répercussion sur la vitalité même du pays. Mais si, moins soucieux de droits que d'obligations, ils socialisent et nationalisent la force qu'ils représentent, un bien général en résultera dont ils sentiront de toute façon les heureux effets.

Ils auront à réaliser un rapprochement par le haut entre l'argent et le travail ; dans cet ordre d'idées il y a beaucoup à attendre d'une pénétration plus intime des industriels et des banquiers, telle qu'elle a été réalisée, *régionalement* et depuis longtemps, dans le Nord, en Lorraine, dans le Lyonnais, le Dauphiné et ailleurs. Un contact étroit entre la finance et l'industrie, — entre les cerveaux du capital et du travail, — doit forcément amener des industriels à exercer une influence directe

---

1. Joachim Gasquet, *les Bienfaits de la guerre*, Paris, 1917.

sur les banques qu'ils nationaliseront, en s'attachant à réserver le capital français aux industries françaises et dont ils s'emploieront à faire *des organismes essentiellement constructifs*. C'est sur ce terrain qu'aura à s'exercer la vigueur de conception et de réalisation de ces hommes nouveaux qu'a révélés l'industrie de guerre, autant financiers qu'industriels, et qui s'apparentent, par là, directement aux grands *constructeurs d'affaires* d'Outre-Atlantique, d'Outre-Manche et même, disons-le, d'Outre-Rhin.

Par cette pénétration, à tous les échelons de la Société, du capital et du travail, nous allons donc, poussés par les événements, à un *renouvellement économique et social*, dans lequel l'argent, conscient de ses devoirs et organisé dans ses méthodes d'action, aura à jouer un rôle plus important que jamais.

VI

Le devoir immédiat de l'argent

L'Etat seul peut actuellement absorber la masse des disponibilités.

Pendant la guerre, le devoir de l'argent se présente sous un aspect particulièrement simplifié, parce que l'Etat, pour donner à toutes les cellules françaises la coordination nécessaire, a dû lui-même socialiser et nationaliser presque toutes les énergies existantes. Il a réquisitionné une bonne part des denrées, des usines, de la main-d'œuvre. Il est devenu le principal producteur et le principal client, le principal banquier de tout ce qui produit. Presque tout passe par son intermédiaire. C'est le poste central où s'opère l'intercommunication de toutes les lignes du pays. *Pour se relier au pays, c'est donc à l'Etat que doit aboutir provisoirement l'effort capitaliste.*

Il est certain qu'on reviendra après la guerre à un régime normal dans lequel les diverses accumulations de capital rejoindront plus librement et plus directement, selon leurs affinités particulières, les diverses catégories de la production. Mais on peut dire que, pour le moment, en allant au Trésor, l'argent français s'entraîne à parcourir la première moitié d'un circuit qu'il doit effectuer par la suite d'une seule traite jusqu'au travail même.

L'argent prêté à l'État se répand dans le pays.

Ce serait au surplus un sophisme pur de prétendre que l'Etat n'accomplit pas dans les circonstances actuelles une œuvre réellement féconde, parce que les commandes de guerre qu'il passe ne créent qu'un actif voué à une usure rapide sinon à une destruction immédiate. Equipements, armes, munitions, etc., se consomment en effet avec une rapidité extraordinaire et matériellement ne laissent plus de trace de leur existence. Mais la valeur monétaire de l'obus par exemple, ne disparaît pas avec le nuage de fumée que produit son explosion : au moment de cette explosion, il y a déjà longtemps que cette valeur monétaire s'est détachée du projectile qui n'en est plus qu'un symbole ; elle est éparse dans les salaires, les commissions, les bénéfices que la fabrication de l'obus a créés et dans tous les remplois qui ont été affectés à ces salaires, commissions et bénéfices ; les bénéfices, en particulier, ont pu être réemployés à la fabrication d'autres obus. *La guerre anéantit donc les produits, mais non le capital* dont elle active, au contraire, la circulation industrielle et dont elle augmente par conséquent la valeur marchande.

Seule disparaît — non absolument, mais au point de vue national — la partie des capitaux qui paye les commandes à l'étranger.

Encore faut-il ajouter que les nombreuses armées alliées qui combattent et vivent sur notre sol mais non à nos frais, contribuent à faire rentrer par leurs achats sur place une partie de l'or qui s'était enfui vers leurs pays d'origine.

Notre résistance financière et les Emprunts d'État.

Quoi qu'il en soit, il n'en demeure pas moins que la plus grande part de l'argent confié à l'Etat Français se reproduit et se multiplie en France même, contribuant à donner au pays, après plus de trois ans de guerre, un heureux aspect de puissance, de prospérité, de sérénité qui frappe les étrangers à leur entrée chez nous. Ce ne sont pas les fournitures de guerre qui constituent le gage des emprunts contractés par la France et leur confère cette haute sécurité qui va rarement de pair avec des taux d'intérêt aussi avantageux ; *la garantie de ces emprunts, c'est la vitalité profonde de la nation* qui, dans les circonstances les plus difficiles, a réalisé la coordination, bienfaisante à tous égards, de toutes ses forces financières et productives.

Tel est en définitive le sens, telle est la morale des emprunts de guerre : un apprentissage de la puissance nationale de l'argent, une évolution des méthodes individualistes d'avant-guerre vers une politique sociale-nationale de la finance, une démonstration qu'un accord, profitable à tout l'organisme français, réside entre l'intérêt bien entendu et le devoir même du capitaliste.

Conclusion

Le devoir actuel de l'argent, inséparable de son intérêt, est de souscrire sans réserve aux emprunts d'État.

A chacun son rôle dans l'œuvre immédiate de salut national. Mais combien faible doit apparaître au capitaliste l'effort qui lui est demandé, au regard des sacrifices que la patrie exige des soldats. On demande au soldat *de donner sa vie*, au capitaliste de *prêter son argent*, moyennant un large intérêt. Qui oserait établir une parallèle entre ces deux devoirs? Qui oserait même comparer l'effort demandé au capitaliste à celui de l'ouvrier à l'usine, du paysan à la terre?

D'ailleurs, où, quand et comment l'argent trouverait-il un meilleur moyen de s'employer que dans les emprunts de défense nationale? Le taux de l'intérêt offert est élevé; les capitaux ne trouvent plus à s'exporter; l'état actuel de l'activité économique ne permet d'en employer directement dans l'industrie et le commerce qu'une faible partie. Il est donc normal, en dehors de toute considération patriotique, que le surplus de l'énorme fonds de roulement, mis à la disposition du pays et dont une très grande partie est entre les mains des particuliers, agriculteurs, commerçants et industriels favorisés par la guerre, rentre dans les caisses de l'Etat.

Il y a même une autre considération d'intérêt, qui, pour être indirecte et moins évidente, ne doit pas laisser indifférents ceux qui réfléchissent. Une des causes de la « vie chère » est l'inflation exagérée de la circulation fiduciaire. En 1914, la Banque de France avait en circulation pour 6 milliards de billets de banque ; elle en a actuellement près de 22 milliards. Hausse des changes, élévation du prix des marchandises, telles sont les conséquences de cette circulation exagérée. *Assurer le succès d'un emprunt*, c'est permettre à l'Etat de consolider sa dette flottante, *c'est*, par voie de conséquence, *réduire un des facteurs certains de « vie chère »*.

Le prochain emprunt d'Etat doit donc être un succès sans précédent, dépassant celui des emprunts de 1915 et 1916. Il y a encore, nous l'avons dit, des pusillanimes et aussi des réfractaires, il y en aura sans doute toujours. Mais le nombre de ces *embusqués*, de ces *déserteurs du capital* va diminuant chaque jour. Quand le peuple de France tout entier aura compris que l'argent rapproche, en la hâtant, la victoire, et concourt à ses profits, que c'est non seulement son devoir le plus strict, mais encore son intérêt le plus direct, d'apporter ses disponibilités, toutes ses disponibilités à l'Etat, un grand pas vers la paix victorieuse aura été fait.

Dans la Société de demain, nous l'avons vu, le capital aura un rôle considérable à remplir. Qu'il s'y entraîne ardemment dès maintenant. Qu'il se dise bien que *souscrire à l'emprunt*, c'est faire *le plus sûr et le plus productif des placements industriels* — puisque la guerre est, pour l'heure, l'industrie essentielle de notre pays, celle dont dépend son existence, notre bien-être et notre liberté —; c'est *souscrire au relèvement économique et à la grandeur de la France*.

Le gérant : Edmond Schneider.

TABLE DES MATIÈRES

Documents manquents (pages, cahiers...)
NF Z 43-120-13